THALES THEMENHEFTE
DIE MODERNE TASCHENLEKTÜRE
INFORMATION + UNTERHALTUNG

Körpersprache

Was der Mund nicht verrät

THALES VERLAG

THALES THEMENHEFT Nr. 67
Körpersprache – Was der Mund nicht verrät
Text: Sabine Wegner
Umschlaggestaltung: Manfred Lehnert
Druck: NIESSEN GmbH, D-4300 Essen
ISBN 3-88908-567-9

Gedruckt auf chlorfrei gebleichtem Papier

Körper und Geist

„Herzlich willkommen“ ertönt es freundlich klingend zur Begrüßung, doch das beabsichtigte Wohlgefühl will sich nicht einstellen. Vielleicht lag es an dem knappen Händedruck des Gastgebers, vielleicht wirkte sein Lächeln aufgesetzt. Intuitiv hat man einen Widerspruch zwischen dem sprachlichen und körperlichen Ausdruck erfaßt. Zu vielfältig sind die Nuancen der einzelnen Körpersignale, als daß sie vollständig zu kontrollieren wären.

Ungekünstelte Körpersprache kann nicht lügen, denn sie wurzelt im Unbewußten. Die Umsetzung von Gedanken und Gefühlen in Gebärden passiert zu schnell, um bewußt registriert zu werden. Jedem Eindruck folgt direkt der körperliche Ausdruck. Ein bestimmter Reiz löst auch eine bestimmte Reaktion aus. In dieser Beziehung ist Körpersprache festgelegt. Zufällige Bewegungen gibt es nicht. Umgekehrt beeinflußt die Körpertätigkeit die Psyche. Spürbar nachvollziehen läßt sich diese Behauptung, wenn man zum Beispiel versucht, mit erstaunt aufgerissenen Augen aggressiv zu sein. Es wird nicht gelingen.

Körper und Geist bedingen einander – befinden sich beide gleichzeitig im Dialog mit dem Gesprächspartner. Nicht zu kommunizieren ist unmöglich. Selbst das sogenannte „Pokerface“ liefert zumindest die Information, daß jemand etwas verbergen möchte. Ein undurchdringliches Gesicht mit beherrschtem Mienenspiel wirkt darüber hinaus ablehnend, man bekommt das Gefühl, nicht akzeptiert zu werden. Ob man will oder nicht: der Körper sendet immer Signale aus. Das Verharren in einer Pose läßt beispielsweise die Vermutung zu, daß auch der Geist stillsteht.

Im sozialen Umgang wird Körpersprache stets mitbeachtet und -bewertet. Die Psychologen beschäftigten sich in den letzten Jahren unter dem Begriff Kinesik verstärkt mit der Analyse des physischen Ausdrucks. Über die grundsätzlichen Funktionen der Körpersprache herrscht Einigkeit. Entweder dienen die Körpersignale der Kommunikation ohne Worte, oder sie ergänzen und unterstreichen die verbale Sprache.

Der soziale Umgang bietet tagtäglich die Möglichkeit, Körpersprache zu studieren. Voraussetzung für die richtige Deutung ist allerdings eine feine Beobachtungsgabe und die Bereitschaft, in die Rollen der anderen zu schlüpfen. Viele Faktoren müssen berücksichtigt werden, will man nicht zu einer falschen Interpretation gelangen. Wahrnehmung ist subjektiv, das bedeutet, persönliche Prägung und Erwartungshaltung beeinflußen das Urteil. Wahrnehmung ist selektiv: Informationen werden je nach individuellem Horizont und Interesse ausgewählt. Doch gerade bei der Auslegung von Körpersprache ist es wichtig, die Situation im ganzen und das Gesamtbild einer Persönlichkeit im Blickfeld zu haben. Erst gewohnheitsmäßige Ausdrucksformen verkörpern die Innenwelt des Gegenübers. Als wäre dies nicht genug, ist auch die Mehrdeutigkeit von Zeichen zu berücksichtigen. Das Reiben an der Nase kann ein Zeichen für Unentschlossenheit, Ratlosigkeit oder Mißbilligung sein. Vielleicht jedoch soll nur ein Juckreiz gelindert werden.

Die Vorteile einer richtigen Deutung der Gebärdensprache liegen auf der Hand. Eine umfassendere Kenntnis des menschlichen Ausdrucksrepertoires erleichtert und bereichert den sozialen Umgang. Indem man die Körpersprache lesen lernt, eröffnet sich ein tieferes Verständnis für die Mitmenschen. Man kann besser miteinander umgehen und aufeinander eingehen. Sieht der Gesprächspartner beispielsweise immer wieder zur Decke oder Richtung Ausgang, ist es Zeit ihn aus der Situation zu entlassen. Die Fähigkeit, solche Vor- und Anzeichen zu erkennen und darüber hinaus zu beachten, hat sicherlich eine positive Auswirkung auf die Entwicklung einer Beziehung.

Natürlich erschließt sich dem Kenner der Kinesik auch ein weites Feld von Beeinflussungsmöglichkeiten, im positiven wie im negativen Sinne. Dies ist allerdings keine neue Erkenntnis; bereits den Rednern der Antike war die Beherrschung der nonverbalen Kommunikation (die sogenannte somatische Rhetorik) ein wünschenswertes Ziel. Um wieviel überzeugender sind schließlich Argumente, die mit Gestik und Mimik harmonisieren. Gleichzeitig heißt es, bei einer vollendeten Selbstdarstellung besonders wachsam sein. Der Erfolg Hitlers und seiner menschenverachtenden Politik war nicht zuletzt Resultat einer dramaturgisch perfekten Inszenierung seiner Ideologie. Stundenlang übte er vor dem Spiegel aufwühlende und mitreißende Gesichter und Gesten ein.

Vom negativen Extrem zum Normalfall. Beherrschung der körperlichen Ausdrucksformen gehört für jeden zum Erziehungsprogramm. Die Regeln des gesellschaftlichen Verkehrs sind im Grunde erlernte, standardisierte Verhaltensweisen, die den sozialen Umgang angenehm gestalten sollen. Die eingangs erwähnte Situation kann man auch unter diesem Aspekt betrachten: Die Höflichkeit gebietet dem Gastgeber freundliche Verstellung. Jenseits der Konventionen interessieren aber die wirklichen Gefühle und Gedanken des anderen. Wie sonst ließe sich hinter der Gesellschaftsmaske die Persönlichkeit entdecken? Aber nicht nur den anderen, auch sich selbst gilt es zu entdecken.

Klassische Körpersignale

Reichhaltige Quellen für die Körpersprache unserer Vorfahren sind Literatur und Kunst. Die klassische Antike wird nicht umsonst als goldenes Zeitalter bezeichnet. Sinnenfreude und Liberalität zeigen sich auch in der vielfältigen Darstellung expressiver und spontaner Gebärden. Im Mittelalter hingegen dominierte die konventionelle Ebene. Die höfische Kultur verlangte nach formellen Gesten. Gebärden galten als unfein, blieben dem niedrigen Volk und den Narren vorbehalten.

So entwickelt jede Epoche auch ihre charakteristische Körpersprache. Erstaunlich der Bedeutungswandel mancher Gesten. Die herausgestreckte Zunge zum Beispiel symbolisierte bei den Griechen den Blutdurst der Gorgo, eines weiblichen Ungeheuers mit Schlangenhaar. Sieht man davon ab, daß Wüstenwanderer auf ähnliche Weise nach Wasser lechzen, kennt man das Zeigen der Zunge vor allem als Zeichen der Verachtung. In dieser Bedeutung taucht die ausgestreckte Zunge bereits im Mittelalter auf, allerdings zunächst mit der Einschränkung auf den religiösen Bereich: Nichtchristen verspotteten mit dieser Gebärde den gekreuzigten Jesus.

Schätzt man jemanden gering, zeigt man damals wie heute mit dem Finger auf ihn. Gekreuzte Finger, Arme und Beine gehörten im dunklen Zeitalter zu den magischen Abwehrgesten. Das christliche Kreuzzeichen gegen Dämonen und Zauberer hat hier seinen Ursprung. Mit der Verbannung magischer Kräfte ins Reich der Phantasie haben diese Rituale ihren Sinn verloren. Und doch finden sich Spuren der ursprünglichen Bedeutung: Die gekreuzten Finger hinterm Rücken sollen einen unwillig geleisteten Schwur aufheben, über der Brust verschränkte Arme sind eine Schutzhaltung, und die gekreuzten Füße verraten Unbehagen und Angst.

Böse Blicke töten bis heute. In der Antike und im Mittelalter lähmten und mordeten die Zauberinnen ihre Opfer mit Augenmagie. Nachdem die letzte Hexe auf dem Scheiterhaufen ihr Leben aushauchte, treibt zumindest noch ihre Fähigkeit des augenblicklichen Tötens – wenigstens im übertragenen Sinne – ihr Unwesen.

Von den erfreulicheren Körpersignalen haben sich einige Begrüßungsrituale bis in die Gegenwart gehalten. Den Handkuß zum Beispiel kannten bereits die alten Römer, zunächst als Zeichen der Verehrung für siegreiche Helden, später als allgemeinen Willkommensgruß. Das Mittelalter griff diesen Brauch als Symbol christlicher Liebe auf. Heutzutage gilt der Handkuß als besonders höfliche, wenn auch leicht antiquierte Geste des Gentleman.

Um die Überlieferung einzelner Körpersignale kennenzulernen, muß man allerdings kein intensives Quellenstudium in Fachbüchern betreiben. Allgemein bekannte Sprichwörter spiegeln in anschaulicher Form vertraute Gebärden. Eine kleine Auswahl:

Man „hält jemandem den Daumen“, um gutes Gelingen zu wünschen. Bei den römischen Gladiatorenspielen drückten die Zuschauer den Daumen, wenn sie dem

Kämpfer sein Leben gönnten. War er in Ungnade gefallen, wies der Daumen gegen die Brust.

„Er geht wie auf Eiern“ – diese behutsame Fortbewegungsart ist den Hühnern abgeschaut, die vorsichtig über ihre Bruteier hinwegsteigen.

„Sich ins Fäustchen lachen“ verbildlicht das heimliche schadenfrohe Lachen hinter vorgehaltener Hand. Nicht weiter erklärungsbedürftig sind folgende Redewendungen: Die Hand auf etwas legen, das Maul oder den Kopf hängen lassen, die Nase rümpfen, sich etwas verbeißen, zur Salzsäule werden, sich in Positur setzen, ein Auge zudrücken, große Augen machen, einen über die Achsel ansehen, in den Bart murmeln, die Hände in den Schoß legen.

Entwicklung der Körpersprache

Die Lebensenergie aktiviert durch Wahrnehmung, Empfindung und Trieb die menschlichen Verhaltensweisen, Sprache und Körperausdruck. Bewegungsarmut und Haltungsschwäche weisen auf Energiemangel. Umgekehrt zeichnet sich der dynamische Charakter durch lebhafte Körpersprache aus.

Das Temperament eines Menschen läßt sich zum Teil auf die Veranlagung zurückführen. Reaktionsgeschwindigkeit, Sinnesschärfe und Sensivität sind genetisch bedingt. Auch Körperbautypus und Größe, Intelligenz und spezielle Talente sind durch das Erbgut vorprogrammiert.

Interessant ist in diesem Zusammenhang, daß wahrscheinlich ein bestimmtes Hirnrindenprogrammm die mimische Muskulatur steuert. Daher äußern sich – trotz aller kulturellen Unterschiede – grundlegende Affekte wie Freude, Überraschung, Furcht, Zorn, Ekel, Verachtung und Scham in Mienenspielen, die jenseits der Sprachbarrieren verstanden werden.

Eigenschaften entwickeln sich jedoch erst im Wechselspiel von Erbanlagen und Umwelteinflüssen. Die Erziehung, der soziale Kontakt prägen auch die Körpersprache. Einige kindliche Verhaltensmuster scheinen manche nie zu verlernen. Der trotzig vorgeschobene Kopf, das ohnmächtige Treten nach Gegenständen, das

3-O-Gesicht (staunend aufgesperrte Augen und Mund), die ungeduldig wippenden oder mißmutig schlurfenden Füße, das Zupfen am Ärmel, um Aufmerksamkeit zu erregen – alles Körpersignale, die bereits beim Kind zu beobachten sind.

Autoritär erzogene Menschen, die es nicht schaffen, Selbstbewußtsein zu entwickeln, erkennt man häufig an Unterwerfungs- und Fluchtgesten. Gesenkter Kopf, niedergeschlagene Augen und gebeugter Rücken signalisieren Demut und Verschüchterung. Jederzeit bereit fortzulaufen als drohe Strafe und Zurechtweisung, hält dieses ängstliche Wesen Distanz und Ausschau nach einem geeigneten Fluchtweg.

Ganz anders spricht der Körper eines Erwachsenen, der von Kindheit an Selbstwertgefühl vermittelt bekommt. Aufrechte, gelassene Haltung, offenes Gesicht und unverkrampfte, sichere Gesten sind seine Erkennungsmerkmale. Ausgenommen von diesen grundsätzlichen Zuordnungen sind natürlich spontane Körpersignale in außergewöhnlichen Situationen. In gemütlicher Runde kann auch der furchtsame Charakter Selbstvertrauen ausstrahlen; von allen Seiten angefeindet, verliert selbst der souveräne Typus schon mal die Fassung. Eines hat dieses Oppositionspaar wahrscheinlich gemeinsam: die Körpersprache des Erwachsenen ist größtenteils künstlicher und ärmer als die des Kindes. Eine scheinbar unvermeidliche Konsequenz des Erziehungsprozesses, der auf Angleichung und Mäßigung abzielt. Um die Wurzeln unserer Entwicklung aufzudecken, bietet sich neben der Rückschau auf Kinderjahre ein Seitenblick ins Tierreich an.

Tierische Verhaltensformen

Zwar markieren Menschen ihre Reviere nicht durch Geruchssignale (sieht man einmal von wehenden Duftfahnen ab), aber dafür reserviert man seinen Platz zum Beispiel durch persönliche Gegenstände. Will man seinen Bereich ausdehnen, legt man sie in fremdes Revier. Die Füße auf dem Tisch demonstrieren wohl eindeutig, wer Herr im Hause ist.

Das menschliche Territorialverhalten ist unvermindert stark. Treten Sie doch näher, aber bitte nicht zu nah. Will man nicht als aufdringlich gelten, sollte man gebührenden Abstand zum anderen wahren. Soziologen haben verschiedene Distanzzonen ermittelt, die es bei sozialen Kontakten einzuhalten gilt:

- Die öffentliche Distanz erstreckt sich auf mehrere Meter, z. B. zwischen Redner und Publikum.
- Die gesellschaftliche Distanz beträgt ungefähr ein bis zwei Meter. Man hält sie für gewöhnlich bei beruflichen oder formellen Kontakten ein.
- Die persönliche Distanz liegt bei ca. einem Meter; diese geringe Entfernung ist Freunden und guten Bekannten vorbehalten, zur Begrüßung mit Handschlag natürlich ebenfalls unumgänglich.
- Die intime Distanz ist eigentlich gar keine; sie bleibt den engen Beziehungen vorbehalten.

Rückt man dem anderen zu nahe auf den Pelz, fühlt er sich eingeengt. Nicht nur Aufdringlichkeit, sondern auch Aggressivität artikuliert sich in dieser Form. Ähnlich wie ein angreifendes Tier wird der gegnerische Eindringling vermutlich den Kopf senken, feindlich starren, zwar nicht die Tatzen, aber den Finger wie eine Waffe ausstrecken. Drohgebärden und Imponiergehabe trifft man auf freier Wildbahn ebenso wie im Großstadtdschungel. Die krallenwetzende Katze sitzt vielleicht am Schreibtisch nebenan und wartet nur darauf, der Kontrahentin eins auszuwischen.

Die sogenannte Hackordnung des Hühnerhofes bestimmt fast jeden Betrieb und selbst das Familienleben. Einer ist meist der Anführer, beansprucht den zentralen Platz und die längste Redezeit. Wer im Kampf um die Rangfolge unterliegt, duckt und versteckt sich wie ein geschlagenes Tier, zieht sich zurück oder ergreift sogar die Flucht.

Neben der Aggressivität wird vor allem das Sexualverhalten dem instinkthaften Bereich zugeordnet. Zur Paarungszeit leuchtet nicht nur die Vogelwelt in ihren prächtigsten Farben. Ausstaffiert und aufgeplustert stolziert die Herrenwelt durchs Jagdrevier, wo die herausgeputzten Damen wiegenden Schrittes ihre Reize betonen. Man umschmeichelt einander, turtelt und sucht Berührungspunkte. In jedem Tanzlokal kann man menschliche Versionen des Balztanzes in Augenschein nehmen.

Auffällige Parallelen, die einem das animalische Erbe des Menschen vor Augen führen und seine Verhaltensweisen besser verstehen lehren. Kein Wunder, daß jung und alt Zoobesuche lieben und Stunden vor dem Affenkäfig verbringen. Wenn der Menschenaffe erstaunt die Brauen hebt oder der Pavian arrogant in seiner Haltung erstarrt, den Kopf zurückwirft und schnaubend atmet, verharren wir fasziniert vor diesem Spiegel menschlicher Ausdrucksformen. Wer wüßte mit hundertprozentiger Sicherheit zu sagen, ob das Tier sich nicht doch seinen Teil denkt. Fragen kann man es nicht, aber vielleicht sagt seine Körpersprache mehr als tausend Worte.

Vom Ausdruck zum Eindruck

Mit der schrittweisen Eingliederung in die Gesellschaft ist die Übernahme unterschiedlicher Rollen verbunden. In die Rolle des Kindes wird man hineingeboren, weder die Eltern noch das soziale Umfeld, in dem man aufwächst, kann man sich aussuchen. Nach und nach übernimmt man den Part des Freundes, Schülers, Berufstätigen und viele mehr. Für manche Rollen bedarf es keiner speziellen Vorkenntnisse, andere muß man erst erlernen; es gibt mehr oder weniger freiwillig übernommene, berufliche und private Rollen.

Einen gemeinsamen Nenner haben alle: sie sind an bestimmte Verhaltensweisen und damit auch körpersprachliche Ausdrucksformen gebunden. Um jemanden richtig kennenzulernen, empfiehlt sich, ihn in seinen verschiedenen Rollen zu erleben, denn ihr gemeinsamer Bezugspunkt ist die Persönlichkeit eines Menschen. Erst sie erfüllt die Rolle mit Leben – jeder spielt seinen Part auf die ihm eigene Art und Weise.

Kulturzugehörigkeit, soziale Schicht, Beruf, Geschlecht, Alter, Interesse und Erfahrungswerte bestimmen ihrerseits, welche Rolle man wie spielt und aus welcher Position man die anderen beurteilt. Auch bei der Auslegung von Körpersprache ist die eigene und die Rollensituation des Gegenübers miteinzubeziehen.

Wer Probleme hat, von einer Rolle in die nächste zu wechseln und deshalb nervös wirkt, muß noch lange kein Hektiker sein. Wer sich mit einer Rolle identifiziert, die Engagement durch entsprechend rege Gestik zeigt, kann in einer anderen Situation eher behäbig und uninteressiert wirken. Umgekehrt ist der Träger einer unliebsamen Rolle nicht grundsätzlich ein mürrischer Mensch, nur weil seine Bewegungen momentan ablehnend und mißbehaglich erscheinen.

Der strenge Mathematiklehrer mit sachlichem Tonfall und Bewegungen, die exakt berechnet wirken, kann sich im Privatleben als humorvoller und lebhafter Zeitgenosse entpuppen; die Leidenschaftlichkeit und Expressivität des Schauspielers verlöscht vielleicht mit dem Rampenlicht und hinter der Maske kommt ein introvertierter Mensch mit sparsamen Gesten zum Vorschein.

Das gesellschaftliche Parkett ist mit einer Bühne vergleichbar, auf der die Akteure zwar selten andere Personen darstellen, aber fast immer sich selbst.

Die bewußte Ausdrucks- bzw. Eindrucksmanipulation bei Auftritten in der Öffentlichkeit ist teilweise legitim. Höflichkeitsgesten und das sogenannte anständige Betragen erfordern manchmal nahezu Heuchelei. Beim Vorstellungsgespräch wird erwartet, daß der Kandidat – egal wie seine momentane Verfassung ist – sich als beherrscht, interessiert und selbstbewußt darstellt. Fehlendes Eigenlob wird selten als sympathische Bescheidenheit gewertet, eher als mangelndes Selbstvertrauen.

Für die Täuschung in unredlicher Absicht gibt es einige Entlarvungsmöglichkeiten:

- Übertriebenes, gekünsteltes Verhalten deutet auf Unsicherheit und Ablenkungsmanöver. Ein ironischer Mensch kann so auch seine Distanz zum Ausdruck bringen.
- Stereotype Körpersignale sind meist leere Formen. Sie werden gewählt, wenn jemand einen bestimmten Eindruck hinterlassen will, ohne selbst überzeugt zu sein.
- Steife und abgehackte Bewegungen sind typisch für den formell ausgerichteten Charakter, dessen wahres Gesicht ein dichter Schleier von Benimmregeln verhüllt.
- Einander widersprechende Gebärden decken innere Widersprüche auf oder den mißlungenen Versuch, ein falsches Image aufzubauen. Fragt sich nur welches?

Bestimmt hilft es, sich einige wesentliche Ausdrücke der Körpersprache genauer anzusehen.

ABC der Körpersprache

Mimik

Bei der Nahaufnahme im Film kann man das Gesicht des Darstellers wie durch ein Vergrößerungsglas studieren. Eindrucksvoll wird vorgeführt, wieviele Emotionen und Gedanken das Mienenspiel auszudrücken vermag. Diese Erfahrung schärft den Blick für die alltägliche Kommunikation von Angesicht zu Angesicht. Ob Gefühlsschwankungen, Meinungsänderungen oder stoischer Gleichmut, die mimische Muskulatur registriert, was in uns vorgeht. Besonders ausdrucksvolle Gesichter verheißen Temperament und Zugänglichkeit; die übermäßige Kommentierung des Geschehens durch ständig wechselnde, affektierte Mienen lieben Selbstdarsteller, die den Alltag wie ein Drama inszenieren. Je beherrschter und verschlossener das Mienenspiel ist, desto weniger ist Sympathie und Offenheit zu erwarten.

Im Verlauf der Jahre zeichnen sich vorherrschende Eigenschaften als Falten dem Gesicht ein. Konzentrierte, aber auch verbitterte Menschen neigen zu senkrechten, von der Nasenwurzel ausgehenden Stirnfalten. Verlaufen sie waagerecht, sind aufmerksame, teilnahmsvolle oder ängstliche Charakter zu vermuten. Ein regelrechtes Faltengitter zeugt von fortwährenden Sorgen und Problemen. Für Stabilität und innere Ruhe spricht eine glatte Stirn bei älteren Menschen.

Stirnfalten charakterisieren zudem die Befindlichkeit in aktuellen Situationen: nach oben weisend bedeuten sie meist Sammlung oder Unbehagen, seitlich verlaufend signalisieren sie Erstaunen und Schrecken.

Auch die Richtung der Mundwinkel erzählt einiges über das Naturell einer Person. Spannungslos gesenkte Mundwinkel sieht man nach einer Enttäuschung oder bei Traurigkeit; resignierte Menschen haben oft melancholisch herabhängenden Lippen. Angespannt hinuntergezogene Mundwinkel kennzeichnen den skeptischen, geringschätzigen Typus oder vorübergehende Ironie und Ablehnung. Im Gegensatz dazu wird der glücklich gestimmte Mensch mit angehobenen Mundwinkeln, die natürlich auch spontaner Freude folgen, dem Leben begegnen. Zum sonnigen Gemüt gesellen sich Lachfältchen um die Augen. Diese vielzitierten Spiegel der Seele strahlen eine Vielfalt von Informationen aus.

Kontaktaufnahme beginnt mit dem Augenblick. Die räumliche Distanz überbrückend treffen zwei Augenpaare zusammen. Ein ungeschriebenes Gesetz gesellschaftlichen Umgangs schreibt höfliche Gleichgültigkeit vor: Weder zu kurz noch zu lang dürfen Anwesende oder Entgegenkommende angeschaut werden.

Ein Balanceakt mit Folgen, falls man das Gleichgewicht verliert. Guckt man zu kurz, zeigt man zu wenig Interesse oder gar Mißfallen. Betrachtet man den anderen zu lange, könnte er sich gemustert oder abfällig beäugt und dementsprechend unbehaglich fühlen. Schließlich fixiert man Feinde mit starrem Blick.

Der intensive Blickkontakt hat allerdings eine höchst angenehme Variante. Wohlgefällig ineinander versunkene Augenpaare strahlen Gefallen am anderen aus. Wer wird den ersten Schritt wagen? Einer der beiden kneift die Augen zusammen – ein Vorbereitungssignal. Jetzt wird die anziehende Person näher in Augenschein genommen. Gebannt heftet sie den Blick auf den näherkommenden Betrachter. Ein kurzes nervöses Blinzeln und dann steht man sich Auge in Auge gegenüber. Die weit geöffneten Pupillen signalisieren Freude und Begehren. Egal, was die beiden einander erzählen werden, solange die anfängliche Sympathie fortbesteht, werden ihre Augen andächtig an den Lippen des Partners hängen. Denn schweift der Blick ab, ist es mit der Konzentration bald vorbei. Wird der Augenkontakt gänzlich vermieden, gibt es nichts mehr zu sagen. Die Lippen sind zusammengekniffen, die Gesprächspartner versuchen verkrampft den Rückzug.

Auch ohne Worte kommt dem Mund Ausdrucksfähigkeit zu. Er kann nervös zittern, mit angespannt geschlossenen Lippen Entschlossenheit und Tatbereitschaft verkünden, mit zusammengebissenen Zähnen ohnmächtige Wut oder Schmerzen erdulden. Für die Nase bleibt nichts mehr übrig, als sich mißmutig zu kräuseln oder erregt und wütend die Flügel zu blähen.

Stimme und Stimmung

Der Ton macht die Musik. Modulation, Melodik und Rhythmus der Stimme entsprechen der Stimmung des Sprechers und wecken beim Zuhörer angenehme oder unangenehme Gefühle.

Sanfte, melodische, eher dunkle Töne schmeicheln dem Ohr und verbreiten eine freundliche Atmosphäre. Beim Klang einer schrillen Stimme, die sich launisch überschlägt, zuckt man automatisch zusammen und weicht zurück. Wenn die Entfernung nicht ausreicht, helfen nur noch Ohrenschoner. Das dreifach gestrichene C, das bis zum Kreischen ausarten kann, kennt man aus Streitszenen. Es verbreitet die Darstellung unzufriedener, wankelmütiger Frauen, die hysterisch schreiend ihre geplagten Ehemänner mit Vorwürfen überschütten. Am Ende seiner Geduld stimmt der Gatte mit dröhnendem Baß und donnerndem Brüllen in die Zeter-Arie ein. Die extrem hohe Stimme ist zugleich die Tonlage des Angstschreis. Eine harmlose Version ist der schrille Aufschrei beim Anblick einer derart gleich wieder in die Flucht geschlagenen Maus.

Das gefühlsmäßige Engagement läßt sich am Grad der Stimmschwankungen messen. Laufende, extreme Änderungen in Stimmstärke und -fülle verweisen auf Unbeständigkeit und Unbeherrschtheit. Werden nur einzelne Formulierungen mit schwankender Stimme vorgetragen, fühlt der Sprecher sich sehr betroffen, zum Beispiel jemand, der ein beglückendes oder erschütterndes Erlebnis wiedergibt. Geringfügige Wechsel sind meist ein Anzeichen dafür, daß man sich in der Gewalt hat und nur mäßig sympathisiert. Je flacher und unakzentuierter die Stimme, desto geringer das Interesse – je schwächer und unregelmäßiger, desto energieloser der Sprecher.

Ist der Sprechrhythmus zwar unbeständig, aber getragen von raschem, dabei gut verständlichem Tempo, artikuliert sich ein energiegeladenes, gefühlsbetontes Temperament. Überschlägt sich die Geschwindigkeit, geraten die Silben ins Stolpern, haben Erregung und Tatendrang Überhand genommen.

Taktförmiges Sprechen paßt zum Pedanten und Kleinkrämer; hinter den übereinstimmenden Intervallen lauert Unsicherheit und die Angst vor Überforderung. Vorsicht! Liegen nur annähernd gleiche Pausen zwischen den Tönen, ist der Sprecher von sich selbst überzeugt. Zur klaren, deutlichen Aussprache kommen Energie und Willenskraft. Demgegenüber steht der bequeme und gleichgültige Vertreter mit undeutlicher, verschwommener Artikulation, die sich dahinschleppt. Nicht zu verwechseln mit dem langsam bedächtigen Tempo des ausgeglichenen, sorgfältig überlegenden Menschen, dessen Stimme meist fließend weich ist.

Sieht man davon ab, daß jeder eine spezielle stimmliche Anlage hat, gibt es darüber hinaus mannigfache situationsgebundene Klangunterschiede. Einmal bewußt wahrgenommen, läßt sich auch die normalerweise unbewußt gesteuerte Stimmbildung trainieren und kontrollieren. Sprechunterricht gehört für berufsmäßige Redner, Schauspieler und Lehrer zum Handwerk.

Will jemand seinen Worten mehr Gewicht verleihen, wird er sich um eine tiefere Stimme bemühen, die die Bedeutung unterstreicht. Solche Nachahmungen lassen sich meist nicht durchhalten. So kann es passieren, daß der Juniorchef seine Untergebenen mit einem zweiten Stimmbruch verblüfft, der seine Unsicherheit verrät.

Durch die Steigerung des melodischen Klangs zum einlullenden Sing-Sang versucht mancher geschickte Verkäufer, die Widerstandskraft des Kunden zu schwächen. Führt die Methode nicht zum gewünschten Ziel, kann die Tonhöhe sprunghaft ansteigen und wieder fallen. An diesem Punkt bemächtigt sich Verunsicherung des erfolglos Taktierenden. Ein letzter Versuch, durch Selbstdisziplin die innere Anspannung zu bewältigen, erzeugt abrupte Stimmschwankungen. Fruchtet auch diese Willensanstrengung nicht, verfällt der enttäuschte Verkaufsstratege vielleicht in Gleichgültigkeit – monoton erklingen letzte halbherzige Argumente – dann sinken gegen Ende der Aussagen Tonhöhe und Stimmstärke ab. Deprimiert gibt er auf.

Lautgebärden

Zum Kommunikationsrepertoire gehören auch Laute oder Lautverbindungen, die anders als Wörter in sich abgeschlossene Mitteilungen bilden. Die vielen Interjektionen (Ausrufe- und Empfindungsworte) haben hier ihren Platz. Um nur einige zu nennen:

Ah, äh, aha, ätsch, au, autsch, bah, bäh, brr, buh, eh, hach, hm, huch, juhu, na, och, oh, oje, pah, pfui, pst, uff – geschafft!

Um die Bedeutung dieser knappen, aber bedeutungsvollen Äußerungen zu vergegenwärtigen, reicht es, sie langsam und laut, und sei es mit innerer Stimme, zu lesen. Die entsprechenden Empfindungen stellen sich von selbst ein. Beim Weinen und Lachen werden ebenfalls unterschiedliche Laute produziert.

Unvorhergesehenes Leid verursacht zum Beispiel heftige Weinkrämpfe oder dumpfe Erstarrung; Verzweiflung und Schmerz können sich in halbersticktem

Schluchzen oder in kläglichem Wimmern artikulieren. Unmittelbare Gefühlsäußerungen, die kaum jemanden unberührt lassen.

Gleichermaßen ansteckend vermag die entgegengesetzte, heitere Stimmung zu wirken. Insbesondere in das offene, volltönende Lachen mit „Ha-Ha“ stimmen andere gern ein. Die Schadenfreude und Ironie, die in „He-He“-Lauten mitklingt, wird zumindest den Ausgelachten selten amüsieren. Auch das Kichern mit spitzem „Hi-Hi“ kann der Spottlust entspringen, ist zudem allerdings typisch für Albernheit. Ein Grenzfall ist das Lachen mit rundem „Ho-Ho“. Es hört sich eher verblüfft als vergnügt an. Bei „Hu-Hu“ hört der Spaß meist auf. Diese gedämpften Klänge verweisen oft darauf, daß sich jemand unschlüssig ist, wie er reagieren soll und sich im Zweifelsfall für ein halbherziges, daher gekünstelt wirkendes Lachen entscheidet.

Zu den Lautsignalen gehören auch Pfiffe in allen Tonlagen: zum Beispiel kurz und herrisch als Aufforderung, sich in Bewegung zu setzen, herbeizueilen; anhaltendes und mißgestimmtes Auspfeifen; bewunderndes Nachpfeifen.

Aber nicht nur die Sprechorgane bringen sinntragende Töne hervor. Eine Vielzahl von Lautgebärden läßt sich mit den Händen erzeugen. Sie geben den Takt an, begleiten oder verändern ihn; klatschen begeistert bis verhalten. Überdrüssig schlägt man mit der flachen Hand auf den Tisch, wenn nicht sogar die geballte Faust für einen unüberhörbaren Schlußpunkt sorgt. Nervös trommeln die Finger einen nervraubenden Rhythmus. Daumen und vorzugsweise Ring- oder Mittelfinger begleiten schnippend die Melodie. Vielleicht versuchen sie auf diese Art auch eine Erinnerung zu wecken oder künden einen Geistesblitz an. Mancher braucht bloß mit dem Finger zu schnippen, und schon erfüllt sich sein Begehr.

Pantomimik

Die magische Welt des Pantomimen ist der ideale Ort, um Ausdrucksbewegungen zu studieren, weil die Darstellung auf das Wesentliche der Gebärden konzentriert ist. Das klassisch enganliegende Trikot zeichnet das Muskelspiel ab – im weiß geschminkten Gesicht sind nur Augen- und Mundpartie als die aussagestärksten Gesichtsfelder betont.

Diese Schminktechnik erinnert an den Stummfilm, der ohne die Unterstützung verbaler Sprache allein durch Körper- und Gesichtsausdruck die Emotionen und Gedanken der Handelnden übermitteln mußte. Im Alltagsleben freilich muß man seine Aufmerksamkeit teilen: statt nur die Körpersignale des Gegenübers aufnehmen zu können, muß man gleichzeitig dem Inhalt seiner Worte lauschen, wird abgelenkt durch die Umgebung, gestört durch unvorhergesehene Zwischenfälle.

Der pantomimisch orientierte Akteur steht beispielhaft für die bewußte Umsetzung und den gezielten Einsatz von Körpersprache. Im sozialen Umgang dürfte es gemäß der gesellschaftlichen Forderung „Sei spontan" schwierig sein, direkt und zugleich überlegt zu reagieren. Indem der Pantomime eine Haltung nachahmt, übernimmt er zugleich die damit verbundene innere Haltung.

Im Alltagsleben bedeutet Imitation des Gegenübers Zustimmung, kann in übertreibender Form aber auch spöttisch gemeint sein.

Im allgemeinen ist schon die Richtung einer Bewegung bezeichnend. Ist sie nach oben gerichtet, geht's auch gefühlsmäßig aufwärts; im umgekehrten Fall verlaufen Stimmungskurve und Gesten parallel nach unten. Dem heutigen Betrachter erscheinen die Posen der Stummfilmschauspieler meist überzogen und affektiert, aber diese Überakzentuierung diente der unmittelbar verständlichen Übersetzung von innerer in äußere Bewegung. Im wirklichen Leben wirken stark betonte Gesten negativ. Der Möchtegern und Gernegroß übertreibt – verwandt dem ungezügelten Temperament – auch in seiner Gebärdensprache. Am anderen Ende der Skala steht der verhärtete, zugeknöpfte Charakter mit seinen erstarrten, kaum merklichen Gesten.

Kopfhaltungen

Zwischen den Extremen liegt der Ausgangspunkt für die Erforschung der Körpersprache: lockere, aufrechte Haltung, vorwärts gerichteter Kopf, aktionsbereit herabhängende Arme und geschlossene Füße. So könnten beispielsweise Menschen in der Schlange vor einer Amtstür stehen. Des Wartens überdrüssig, dreht sich einer vielleicht zum Hintermann, um die Zeit mit einem Gespräch zu vertreiben. Die Kontaktaufnahme ist willkommen, wenn das Lächeln des Sprechers erwidert wird. Nach den Begrüßungsworten hebt er vermutlich Kopf und

Stimme. Ein Nicken oder schräg gehaltener Kopf folgen als Einladung zur Erwiderung. Selbstsicher und aufrichtig nimmt der Angesprochene die Aufforderung zur Kommunikation mit frei erhobenem Kopf und offenem Blick an. Wenn sich die Kopfhaltungen nach kurzer Zeit einander angleichen, besteht gutes Einvernehmen zwischen den beiden. Möglich wäre ebenfalls nachdenkliche, zustimmende Aufmerksamkeit mit leicht gesenktem Kopf, der aber auch rein formelle Freundlichkeit ausdrücken kann.

Reagiert jemand unschlüssig oder desinteressiert auf die Kommunikationsofferte wiegt er vermutlich den

Kopf. Möglicherweise ist er gar nicht bei der Sache, gibt sich mit entspannten Gesichtszügen und leicht nach hinten oder seitlich gekipptem Kopf angenehmen Träumereien hin. Da kann der Gesprächssuchende noch so kritisch prüfend den Kopf zur Seite neigen, den Inhalt dieser Phantasien wird er wohl kaum ergründen.

Eine verschärfte Situation entsteht zum Beispiel, wenn man von seinem Partner Rede und Antwort für ein mißbilligtes Verhalten fordert. Der ruckartig nach hinten geworfene Kopf meldet Protest an und fordert eine sofortige Erklärung. Es hilft nichts – der andere senkt zwar schuldbewußt den Kopf bis auf die Brust, aber die darin offenkundig werdende Befangenheit und Demut versiegelt gleichzeitig seine Lippen. Das beeindruckt den Ankläger wenig, im Gegenteil, mit hoch erhobenem Kopf und vorgeschobenem Kinn pocht er aggressiv auf sein Recht. Diese Drohgebärde kann sich bis zur Angriffslust und Halsstarrigkeit steigern: der Kopf duckt sich dann nach vorne, die Schultern werden hochgezogen.

Um die Situation nicht eskalieren zu lassen, ordnet sich der zur Rechenschaft gezogene Partner mit rechtsseitig geneigtem Kopf unter. Plötzlich hebt sich das Haupt wieder. Eine Entscheidung ist gefallen. Statt weiter zu schweigen, rechtfertigt er sein Benehmen mit Umständen, die allerdings so ungewöhnlich klingen, daß sie einen wahren Prüfstein für das Vertrauen bilden.

Aber der erboste Herausforderer hat nur auf eine Erklärung gewartet, interessiert und neugierig hört er mit gesenktem, vorgestrecktem Kopf zu. Die Situation ist gerettet.

Körperhaltungen

Ein Vorstellungstermin ist angesagt. Zaghaften oder beherzten Schrittes – je nach Naturell – betritt der Bewerber den Ort der Entscheidung. Mit einem Blick erfaßt er die Situation. Der neue Chef in spe sitzt wohlwollend lächelnd, die Arme locker vor der Brust gekreuzt, hinterm Schreibtisch. Ein gutes Omen. Das herrschende Klima ist positiv, unbeschwert, ja beschaulich. Die Nuance macht hier den Unterschied. Sind die Arme angespannt verschränkt, der Oberkörper weit im Sessel zurückgelehnt, ist mit wenig Entgegenkommen zu rechnen – der zukünftige Arbeitgeber steht unter Druck und hat es eilig. Entsprechend wird die Begrüßung ausfallen: wahrscheinlich nur ein kurzer Wink Platz zu nehmen.

Jetzt ist die Gelegenheit gekommen, sich in die richtige Positur zu setzen. Je nachdem, wie man sich fühlt oder auch zu beherrschen weiß, bieten sich folgende Möglichkeiten:

Man nimmt nur einen Teil der Sitzfläche in Anspruch, hält den Oberkörper gerade oder leicht vorgebeugt. In dieser Sitzhaltung vermittelt man einerseits Aktivitätendrang, andererseits Anspannung, Vertrauensmangel und den Wunsch, möglichst schnell wieder gehen zu können. Unsicherheit gepaart mit Fluchtbereitschaft entspräche dem zaghaften Verharren auf der Stuhlkante, die Füße unterm Sitz bereit hochzufedern.

Bevorzugt man die lässige Variante, sollte man die ganze Sitzfläche einnehmen und die Beine von sich strecken. Freunde würden diese Haltung als Ausdruck des Wohlbefindens zu schätzen wissen. Ein konservativ angehauchter Chef denkt wohl eher an schlechte Manieren, vor allem wenn man auch noch die Arme hängen läßt und die Hände in die Taschen steckt. So wirkt man arrogant statt selbstbewußt.

Zuviel Scheu offenbart zum Beispiel die Haltung ein Arm auf und ein Arm unter dem Tisch. Versteckt man gleich beide Arme auf diese Art, erregt man Mißtrauen. Was gibt's denn zu verbergen?

Die Beine des Gegenübers sind in dieser Situation durch den Schreibtisch verdeckt. Es wäre lohnenswert, einen schnellen Blick zu riskieren, denn auch die Stellung der Beine ist informativ. Sind sie ausgestreckt, wird man im Regelfall geduldig angehört. Gekreuzte Knöchel sprechen für Entspannung und Höflichkeit, allerdings

nur, wenn die Beine nicht angewinkelt werden: auf diese Weise hält jemand sich mühsam zurück, so als wäre er auf dem Sprung. Noch bevor das Gespräch richtig im Gang ist, sind also die Weichen für den weiteren Verlauf der Kommunikation gestellt. Die beschriebene Situation kann ebensogut im Stehen stattfinden.

Falls einem der Chef alter Schule mit strengen Prinzipien und disziplinierter Selbstkontrolle nicht liegt, sollte man eine kerzengerade, soldatische Haltung als Warnung auffassen. Stabiles Selbstbewußtsein und Mut hat oder täuscht vor, wer sich aufrecht hält und in die Brust wirft. Standhaftigkeit im wahrsten Sinne äußert sich in unverkrampftem, aufrechten, beide Beine gleichmäßig belastenden Stand. Ist das Gewicht nur auf dem Standbein, das Spielbein leicht eingeknickt, ist das Gegenüber vermutlich offen, aber kritisch. Personen, die enttäuscht und energielos, von Sorgen geplagt sind,

beugen sich auch äußerlich unter ihrer Last: Kopf und Schultern hängen kraftlos herab.

Bei Jugendlichen bemerken wir diese Haltung oft in einer Abwandlung: schlacksig-lässig vornübergebeugt protestieren sie gegen die Norm der Erwachsenenwelt, die ihnen eine ordentliche Haltung abverlangt. Kritik wird mit desinteressiertem Schulterzucken abgeschüttelt. Begegnet einem der Chef in nachlässiger Pose, mag er gutmütig sein und dennoch mit geringschätzigen Äußerungen aufwarten.

Gestik

Ob Chef oder Arbeitskollege, alter oder neuer Bekannter, wer sich jovial und betont herzlich gibt, erfaßt zur Begrüßung beide Hände des Gegenübers. Es kann sich hierbei um einen Ausdruck aufrichtiger Freude handeln, aber auch um vorgegaukeltes Engagement. Im wahrsten Sinne des Wortes ergreifend ist der Willkommensgruß, wenn der Handrücken oben liegt. Vorsicht vor Vereinnahmung ist geboten. Empfindet man den Partner als gleichwertig, weisen die Handkanten nach unten. Insbesondere den Druck der Hände erlebt man als sympathisch oder unsympathisch. Eine lasch und gleichgültig hingehaltene Hand verursacht ein eher unangenehmes Gefühl.

Kinder, die dem Besuch mit dieser schüchternen Geste begegnen, werden angehalten, vernünftig das Händchen zu geben, das heißt fest und sicher. Mancher Kraftprotz und Blender zwingt einen mit schraubstockartigem Händedruck nahezu in die Knie. Übertreibung – wie so oft – kann auch in diesem Fall eine Schutzfunktion haben, Unsicherheit kaschieren.

Bestimmte Bewegungen von Händen und Fingern repräsentieren ebenso wie die anderen Körpersignale bestimmte Empfindungen und Einstellungen. Erst diese Korrespondenz erlaubt die Zusammenstellung eines Gestenrepertoires mit Deutungshinweisen. Auch für die Gestik gilt, eingeschliffene und impulsive Gebärden zu unterscheiden.

Die Hände sind laufend mit im Spiel. Sie unterstützen und veranschaulichen das Gesprochene, zeigen, beruhigen, drohen und bitten.

Lebhafte und empfängliche Menschen „reden mit den Händen". Introvertierte und desinteressierte Personen schweigen auch gestisch. Allzu vehemente Aufforderungen zur Gesprächsteilnahme lösen bei ihnen typische Abwehrgesten aus: vorgeschobene Hände, vor der Brust verklammerte Arme und gesenkter Kopf, Rückzieher mit dem ganzen Körper.

Die vorwärtsgerichtete Bewegung ist vieldeutiger. Angriff, Besitzwunsch oder Annäherungsversuch? Eine zusätzliche Geste wie der anklagend ausgestreckte Zeigefinger, fordernd griffbereit ausgestreckte Hände oder sich frei darbietende Handflächen könnte das Interpretationsproblem lösen. So beredt ist die Gestik, daß Taubstumme mit ihrer Hilfe Konversation betreiben. Ähnlich können einige prägnante Gesten in lärmerfüllten Räumen, zum Beispiel in Diskotheken oder Maschinenhallen, Vermittlungsfunktion übernehmen. Auch wenn Ruhe geboten ist, wie in Bibliotheken oder während eines Vortrages, ist diese Art nonverbaler Konversation sehr nützlich.

Seit Wochen hat man sich den Termin für die große Jubiläumsfeier vorgemerkt, doch im letzten Augenblick wird man aufgehalten. So kann es passieren, daß man mitten in die Eröffnungsrede hineinplatzt. Die Störung der geheiligten Stille zeigt ihre Auswirkung in der Versammlung. Einige Umstehende halten ruhemahnend den Zeigefinger vor den Mund, andere gebieten mit dämpfenden Handflächen, die einem Widerstand von unten entgegenzuwirken scheinen, Schweigen.

Ein routinierter Redner wird nur kurz Notiz von dem Nachzügler nehmen, ihm vielleicht mit einer einladenden Geste einen freien Platz zuweisen. Ist der Vortragende jedoch nervös, tippt er sich möglicherweise an die Nasenspitze oder reibt unentschlossen und mißbilligend gleich die ganze Nase. Wenn ihm jetzt noch der Angstschweiß ausbricht, fährt er sich über die Stirn oder reibt sich den Nacken. Der aus dem Konzept gebrachte Redner wird versuchen, sich wieder zu fassen: die Handflächen liegen geöffnet auf der Tischplatte, die Finger sind schwach, aber angespannt gebeugt, ergreifen symbolisch wieder das Wort.

Langsam gerät die Ansprache wieder in Fluß. Um seine Worte zu untermalen, verwendet der Sprecher verschiedene Gesten. Mahnend erhebt er den Zeigefinger oder verleiht seinen Äußerungen mit pochendem Zeigefinger Nachdruck. Auf der Suche nach feinsinnigem und präzisem Ausdruck berühren sich Daumen und Zeigefinger. Die Selbstsicherheit steigt. Der Redner verfällt in nachdenkliches Dozieren und lehnt die Fingerspitzen aneinander. Während seines Exkurses entschärft er auch unliebsame Gegenargumente. Mit einer wegwerfenden Handbewegung befördert er diesen geistigen Unrat in einen imaginären Papierkorb. Am Ende seiner Ausführungen ist er wieder mit seinem Schicksal versöhnt und umfängt das Publikum mit ausgebreiteten Armen.

Beifall erklingt. Vereinzelt lösen Zuhörer ihre verschlungenen Hände, der Tatendrang muß nicht länger mühsam unterdrückt werden. Einige lassen erleichtert die leicht gehobenen Hände sinken oder zupfen sich nicht länger am Ohr, denn endlich kommt man wieder selbst zu Wort.

Gangarten

Gesellschaftliche Auftritte können anstrengend sein. Zumal wenn man bemüht ist, mit wachen Sinnen möglichst viele Signale des Kommunikationspartners zu erfassen. Ein Fensterplatz im Café an der Fußgängerzone bietet Ruhe und gleichzeitig einen idealen Aussichtspunkt, um die Kenntnisse der Körpersprache in Muße mit Gangarten abzurunden.

Scharen von Menschen eilen zielstrebigen Schrittes, Aktivität und Selbstbewußtsein verbreitend, ihres Weges. Bei genauerem Hinsehen scheiden sich allerdings die raschen, festen von den hastigen, stolpernden Schritten, nervösem Trippeln, das auch leerer Geschäftigkeit entspringen kann. Zwischendurch Kontraste. Ein älterer Herr wandert gemächlich, mit ruhigem Schritt durch die hastige Menge, deren Treiben er mit Würde betrachtet. Ebenso langsam, aber mit schlaffer Haltung schleicht ein träges, vielleicht auch desinteressiertes Wesen auf gleicher Höhe.

Aprospos – wo bleibt der Kellner? Unvermittelt bemerkt man, daß man schon seit einiger Zeit ungeduldig mit den Füßen scharrt. Da schlendert er heran, läßt die Arme baumeln und den Oberkörper hängen. Müde und gleichgültig, ein wenig überheblich nimmt er die Bestellung entgegen.

Draußen hat sich mittlerweile die Szenerie verändert. Damen mit fließend weichen Hüft- und Pobewegungen ziehen die Augen der Männerwelt auf sich. Eine Reaktion, die ihre Eitelkeit befriedigt. Eine besonders kokette Frau trippelt Aufmerksamkeit heischend, so daß man an Marylin Monroe erinnert wird. Aber auch die Herren sind nicht gegen Selbstgefälligkeit gefeit. Betont männlich, erobern sie mit wuchtigen Schritten den Asphalt. Einer tänzelt affektiert: Die leichte Hüftbewegung setzt sich bis in die Schultern fort. Der verhinderte Ballettmeister wird von einem jungen Mädchen mit nach oben wippenden Schritten überholt. Diese Gangart erscheint ebenso überheblich wie das stelzende, akzentuierte Gehen mit steifem Oberkörper.

Der überlastete Ober ist zwischenzeitlich von einem Kollegen abgelöst worden. Diszipliniert schreitet der Ersatzmann mit beherrschten, federnden Schritten an den Tisch und serviert das Getränk mit ruhiger Hand. Doch leider nicht das gewünschte. Von hinten nähert sich die Küchenhilfe und rudert nervös mit den Armen. Sie hat die Bestellungen verwechselt und tritt vor Verlegenheit von einem Fuß auf den anderen. Den selbstsicheren Kellner bringt dieses kleine Mißgeschick nicht aus der Ruhe. Mit zielstrebigen, energischen Schritten folgt er dem hilflosen Mädchen, um die Angelegenheit zu klären.

Abgelenkt von den Passanten, konzentriert sich nun die Aufmerksamkeit auf das Geschehen im Café. Neue Gäste kommen. Ein gegensätzliches Paar fällt ins Auge. Sie bewegt sich gehemmt, hält die Arme beim Gehen an den Körper gepreßt, er hingegen demonstriert Kraft und Selbstbewußtsein, drückt Schultern und Hüften vor – der ganze Oberkörper scheint mitzuschwingen. Gefolgt werden die beiden von einem unbekümmerten Jüngling mit harmonischer Gangart, die nur leicht die Hüften mitbewegt. Hinterdrein trottet sein Freund, dessen schlurfende, schleppende Schritte nach Gleichgültigkeit, aber auch Bedrückung klingen. Bei diesem Anblick kommt der Kellner gerade zur rechten Zeit. Auf dem Tablett balanciert er diesmal das richtige Getränk – fürs erste sind die Bewegungsstudien vergessen.

Schlafhaltungen

Der Körper spricht selbst im Schlaf, womöglich noch unmittelbarer als im Wachzustand. Kein Publikum – keine Posen. Während man langsam ins Reich der Träume hinüberdämmert, übernehmen die Schlafzentren Schritt für Schritt die Kontrolle über die geistigen und körperlichen Prozesse. Der Körper scheint schwerer zu werden, die Muskulatur entspannt sich. Vor dem inneren Auge blitzen vielleicht noch Erinnerungen an das Tagesgeschehen auf, oder es steigen undefinierbare Sequenzen aus den Tiefen des Unbewußten: Vorboten des Traumes. Schließlich sinkt man wie in ein schwarzes Loch – das Bewußtsein ist ausgeschaltet, ähnlich wie bei einer Ohnmacht.

Kinder fürchten sich häufig vor der Finsternis und wollen nicht einschlafen; auch manchen Erwachsenen ängstigt der Eintritt in das unbekannte Land des Schlafes. Nicht jedermann heißt die nächtliche Ruhe als erholsame Regenerationsphase willkommmen. Gemäß der Redewendung „Der Schlaf ist der Bruder des Todes“ hindert der freilich nur zeitweilige Verlust des bewußten Ichs Menschen mit starkem Bedürfnis nach Kontrolle über sich selbst und das Umfeld, sich einfach in die dunkle Dimension hinübergleiten zu lassen. Unruhig drehen sie sich von einer Seite zur anderen, probieren die verschiedensten Positionen aus und finden doch keine Ruhe.

Wahrscheinlich wird dieser Typus auch im Wachzustand Probleme haben, spontan und im Vertrauen auf die eigene Substanz zu reagieren.

Im Regelfall bleibt einem dieser zermürbende Zustand erspart. Eine Ausnahme bildet die Streßsituation. Das Bewußtsein ist wie im Teufelskreis noch unerledigter Aufgaben gefangen und die Muskulatur im Vorgriff auf den nächsten Tag schon aktionsbereit gespannt. Statt so um die gerade jetzt wichtige Erholung gebracht zu werden, sollte man besser aufstehen, um Körper und Geist durch Beschäftigung zu ermüden.

Für die schlafvorbereitende physische Entspannung sorgt der Ruhebedürftige meist intuitiv, indem er eine entsprechende Einschlafposition wählt. Die meisten wissen, wie sie sich betten, aber es bereitet auch keine Schwierigkeit, die Einschlafposition herauszufinden. Bei den Haltungen während des Schlafes dürfte es schon eher Probleme geben, sofern kein Partner Auskunft geben kann.

Wenige Schläfer verbringen die ganze Nacht in der Ausgangsposition, schlafen sozusagen wie ein Stein. Der Großteil wechselt während des Schlummers in eine oder mehrere andere Körperhaltungen. Häufig finden sich aber – ebenso wie bei der Körpersprache des Tages – typische Grundhaltungen. Da die Schlafpositionen ein rein unbewußter Ausdruck der Persönlichkeit sind, gehören sie zu den aufschlußreichsten Signalen der Körpersprache. Zu den häufigsten Schlafstellungen gehören die halbfoetale und die volle foetale Lage (Foetus bezeichnet die Entwicklungsstufe des Kindes im Mutterleib ab dem dritten Monat), die ausgestreckte Bauch-

und Rückenlage. Von der halbfoetalen Lage spricht man, wenn jemand seitlich mit leicht angezogenen Knien ruht. Rechts- oder Linkshänder bevorzugen die jeweils dominante Seite, wenden sich aber oft mehrmals pro Nacht. Diese Beweglichkeit unterscheidet die halbfoetale Position von der Rücken- oder Bauchlage, deren Veränderung mit mehr Anstrengung verbunden ist.

Wärmeausbreitung und -speicherung funktionieren in der halbfoetalen Lage gleichzeitig mit optimaler Luftzufuhr.

Eine bequeme und gesunde Haltung also, die als ebenso vernünftig wie ihre Vertreter zu bezeichnen ist. Ausgeglichene, selbstsichere Realisten ohne größere körperliche oder seelische Probleme schlafen in dieser Form.

Die volle Foetus-Lage indes charakterisiert meist unreife, ängstliche Menschen, die nach Schutz und Halt suchen. Seitlich zusammengerollt – vielleicht in einer bestimmten Ecke des Bettes – umschließen sie, Innenseite und Gesicht verbergend, einen vorgestellten oder realen Mittelpunkt, z. B. ein Kissen oder Kuscheltier.

Sie wagen noch nicht, der als hart empfundenen Realität entgegenzutreten, kugeln sich ein wie ein schreckhafter Igel ohne Stacheln und bedürfen der Führung durch eine sichere Hand bzw. konzentrieren sich auf Leitfiguren, die ihnen Unterstützung und Geborgenheit geben sollen. Ausdehnungsdrang mit gleichzeitigem Wunsch, das Umfeld zu beherrschen, scheint den Bauchschläfer zu beseelen. Bäuchlings die Beine ausgestreckt und leicht gespreizt, die Arme über dem seitlich liegenden Kopf angewinkelt ausgebreitet, sichert er sich einen möglichst großen Teil der Bettfläche. Von

Selbstsicherheit kann man bei diesem Schläfertypus nur bedingt sprechen. Versucht man, ihn ein wenig zur Seite zu drücken, zum Beispiel um einer unsanften Landung auf dem Bettvorleger zu entgehen, wird er sich sofort verunsichert fühlen.

Ob im Wachen oder Schlafen, dieser Typus möchte alles unter Kontrolle haben, durchplanen und lückenlos organisieren. Fehler im System repariert er mit doppelter Anstrengung, die aus Angst vor dem Unberechenbaren resultiert.

Nicht gespielt, sondern tief verwurzelt ist wahrscheinlich das Selbstbewußtsein des königlichen oder Rückenschläfers.

Die Vorderseite des Körpers frei dargeboten und die Gliedmaßen locker ausgestreckt, fühlt sich diese starke Persönlichkeit als Meister der Traum- und der Tageswelt. Gewohnt im Mittelpunkt zu stehen, ist er zugleich aufgeschlossen und tatenfreudig, hält das Gleichgewicht zwischen Geben und Nehmen.

Die vorgestellten Schlafpositionen entsprechen Prototypen, die durch die Haltung einzelner Körperteile variiert werden können. Zum Beispiel signalisiert jemand durch die halbfoetale Lage zunächst eine gesunde Lebenseinstelllung, versteckt aber einen oder beide Füße unter der Matratze als ließe sich so einer Veränderung aus dem Weg gehen.

Gebremster Schritt, gebremste Entwicklung. Oder die Füße werden um die Beine des Partners gewickelt, als wolle man mit ihm Schritt halten. Der umklammerte Wegführer wird dadurch natürlich in der eigenen Fortbewegung eingeschränkt.

Kreuzt man Füße und Hände als würden unsichtbare Bande sie fesseln, fühlt man sich vermutlich eingeengt, möchte sich aus einer unliebsamen Situation befreien.

Einen Notausgang halten über den Bettrand hinausragende Füße und Hände offen. Weder dem Schlaf noch dem Tagesleben möchte man sich gänzlich ausliefern.

Liegen Arme und Beine in der halbfoetalen Lage genau übereinander, hat man es vielleicht mit einem äußerst angepaßten Typus zu tun. Im Extrem weicht dieser Mensch kein Haarbreit von den gesellschaftlichen Normen ab, erfüllt die Erwartungen anderer bis zur Selbstaufgabe.

Die Version mit ausgestreckten Beinen weist hingegen auf die Fähigkeit, aus dem Stand heraus zu reagieren, kurzfristig den Schlaf abzuschütteln und in Aktion zu treten.

Zwiespältig wie der Schläfer selbst ist folgende Schlafposition: wahlweise das obere oder untere Bein lang ausgestreckt, das andere hoch angewinkelt und ebensolche Armhaltung. In der Brust dieses Charakters schlummern zwei Seelen; mal wird die aktive, mal die passive Seite wachgerufen. Abhängig von der jeweiligen Situation wird dieser schwierig einschätzbare Typ entweder auf Konfrontationskurs gehen oder ausweichen.

Eine gegensätzliche Ausrichtung kann auch diese Haltung bedeuten: eine Hand streckt sich ins Freie, die andere umklammert beispielsweise haltsuchend die Bettkante. Einerseits will dieser Schläfertypus sich Spielraum erhalten, weder von der Nacht- noch der Tageswelt völlig beherrscht werden, andererseits bedarf er der Stütze eines Partners, gerät im Extrem in Abhängigkeitsverhältnisse und wirkt alleingelassen dementsprechend hilflos.

Gegen eine solche Auslieferung an das Gefühl ist der Intellektuelle für gewöhnlich gefeit. Der Verstand regiert. Nur von ihm akzeptierte Emotionen werden zugelassen. Der nächtliche Ausflug des Geistes in das Reich der Träume wird manchmal von einer besonderen Schlafposition begleitet. In Rückenlage wird der Kopf in die zusammengefalteten Hände gebettet, beidseitig von abwehrbereiten Ellenbogen geschützt.

Mehr aggressiv als defensiv sind geballte Fäuste während des Schlafes. Wird der Daumen allerdings von den Händen umfaßt, dämpft jemand seine Angriffslust, vielleicht sogar solange bis sie ins Gegenteil umkippt. Weiche, kindlich anmutende Charaktere neigen zu dieser Geste.

Zuwendungsbedürfnis scheint die Selbstumarmung im Schlaf, z. B. einer Schulter mit der gegenüberliegenden Hand, zu äußern. Allerdings verschließt man sich mit dieser häufig verkrampften Haltung gleichzeitig dem eigenen Wunsch nach Wärme und Zuneigung.

Will jemand die Einflüsse der Außenwelt ausschalten, kann er auch seinen Kopf unter dem Kissen verstecken, im Dunklen wie im Hellen Vogel-Strauß-Politik betreiben. Eine andere Möglichkeit besteht darin, sich die Decke über den Kopf zu ziehen.

Abgrenzungsbedürfnis verbunden mit ständiger Angst vor der Auseinandersetzung mit der Umwelt führt nicht nur zu innerlichen Verstrickungen. Ist die Verschüchterung soweit gediehen, daß jemand am liebsten unsichtbar wäre, hüllt und wickelt er seinen ganzen

Körper in die Bettdecke. Stets auf der Hut schnürt er sich ein, um wie mit angehaltenem Atem noch die leiseste Regung wahrzunehmen.

Die verschiedenen Schlafpositionen reflektieren grundsätzliche Lebenseinstellungen genauso wie eine momentane Verfassung. Jede Veränderung der Ruhehaltung ist von Bedeutung. Der Reifungsprozeß eines Menschen kann dazu führen, daß er die volle Foetus-Lage zugunsten der halbfoetalen Schlafposition aufgibt, sich gleichermaßen entfaltet. Umgekehrt könnte eine vorübergehende Verunsicherung einen normalerweise selbstbewußten Menschen dazu bewegen, sich zumindest in der Einschlafphase zusammenzurollen. Entweder findet er noch während der Nacht in die charakterische halbfoetale Lage zurück oder spätestens sobald sich die Anspannung gelegt hat.

Die Nacht wird vom Unbewußten beziehungsweise noch nicht gänzlich erforschten Kräften beherrscht, die das Innerste des Menschen nach außen kehren.

Zusammenfassung

Ist das Bewußtsein für die Körpersprache einmal geweckt, beobachtet man das Geschehen um sich herum unter einem erweiterten Blickwinkel. Anfänglich konzentriert man sich vielleicht etwas zu intensiv auf die neugewonnene Erfahrung, wie ausdrucksvoll die nonverbale Kommunikation ist. Statt des Inhalts der Worte rücken die begleitenden Gebärden in den Vordergrund des Interesses. Bleibt man unter diesen Umständen mal eine Antwort schuldig, fühlt man sich gleich ertappt. Allzu neugierige Körperanalysen widersprechen dem ein- und somit ausgeprägten Takt- und Schamgefühl, sofern man sich nicht zum Beispiel als Forscher legitimieren kann.

Eine andere Irritationsquelle können Entdeckungen über die eigene Person sein. Möglicherweise stößt man auf Verhaltensformen, über die man sich vorher niemals Gedanken gemacht hat oder die man sogar ablehnt. Verunsicherung kann sich einstellen. Aber genau an diesem Punkt liegt auch die Chance, mehr über sich herauszufinden. Klarer als zuvor erkennt man seine verschiedenen Rollen, die Art und Weise wie man sie spielt. Im Umgang mit den unterschiedlichen Bezugspersonen erkennt man wie in einem Spiegel die Vielschichtigkeit der eigenen Persönlichkeit.

Durch die bewußte Auseinandersetzung mit den verschiedenen Ausdrucksformen des eigenen Ichs lernt man nicht nur dazu, sondern hat gleichzeitig die Chance zur Wandlung. Veränderungen in Haltung oder Rhythmus beeinflussen beispielsweise die gesamte Persönlichkeit.

Es ist unbequem und erfordert Mut, sich von Rollenmustern zu lösen. Aber für die Entfaltung der Individualität ist es wichtig, alte Gewohnheiten einmal kritisch zu betrachten und an ihnen zu arbeiten, falls sie den Entwicklungsprozeß behindern. Neue, die Persönlichkeit bereichernde Verhaltensformen lassen sich üben. Durch die Wiederholung stellt sich wiederum Vertrautheit ein.

Abgesehen von gelegentlichen Verstellungen, zum Beispiel um seinen Ärger nicht an der falschen Person auszulassen, sind Vorspiegelungen nicht empfehlenswert, außer man kann auf die Identifikation mit seiner Rolle verzichten. Viele Schauspieler empfinden oder entdecken die darzustellenden Charaktere als Facetten ihrer eigenen Persönlichkeit – so werden Erfahrungen mit dem eigenen Selbst gesammelt. Aber es gibt auch Akteure, die umso besser spielen, je weniger sie sich in der Rolle wiederfinden. Vergleichbar manchen Politikern, die ihren Part nur deshalb überzeugend erfüllen, weil Berater, Texter, Stylisten sie bis ins Detail vorbereiten. Der Amtsvertreter braucht nur noch die fertige Hülse überstülpen. Innerlich unbeteiligt ist es unproblematisch, selbst fragwürdige Behauptungen aufzustellen. Die von Fachleuten maßgeschneiderte zweite Haut ist aalglatt, Vorwürfe perlen an ihr ab.

Dieses Marionettendasein widerspricht natürlich dem Wunsch nach Individualität, Selbstbestimmung und emotionalem Engagement. Läßt man sich auf Rollen ein, die keine Beziehung zur eigenen Persönlichkeit haben, wird man sich vermutlich selber fremd. Masken haben zudem den Nachteil, daß sie beispielsweise bei unvermuteten Gefühlsregungen ins Rutschen geraten, wenn nicht gänzlich fallen. Ständige Kontrolle des eigenen Ausdrucks scheint den Rollenbruch geradezu vorzuprogrammieren – ein unbedachter Moment, und schon ist der Identitätenschwindler entlarvt.

Selbst Routine schützt nicht vor Entdeckung. Ausgefeilte Darstellungsmanipulationen wirken in ihrer Perfektion puppenhaft unecht. Einzig ein substanzloser Mensch bräuchte die Demaskierung nicht zu fürchten. Die Konfrontation mit der eigenen Fassadenhaftigkeit kann allerdings auch ein heilsamer Schock sein.

Die anfänglich besonders aufmerksame Beobachtung der körpersprachlichen Mitteilungen der Mitmenschen wird sich mit zunehmender Vertrautheit zugunsten einer ausgewogenen, dabei ganzheitlichen Betrachtung verbaler und nonverbaler Kommunikationsmittel ausbalancieren. Kennt man Prototypen und Standardsituationen, wird man auch keine Schwierigkeiten haben, gemischte und ungewöhnliche Charaktere und Variationen zu verstehen. Wie selbstverständlich wird die zunächst vielleicht ungewohnte Perspektive auf körpersprachliche Elemente schließlich ein Bestandteil der Wahrnehmung. Die Interpretation der Körpersprache wird immer komplexer und differenzierter.

Das Gefühl für den anderen sollte man dabei freilich nicht vernachlässigen, denn es hilft, mehrdeutige Körpersignale einzuordnen und bewahrt vor starren Deutungsschemata. Wenn nicht alle Zeichen trügen, gibt es noch eine Menge zu entdecken.